Made in the USA
Coppell, TX
22 June 2021

57877901R00056